KB141445

진짜 공신들이 쓰는

523 생각 노트

진짜 공신들이 쓰는
523 생각 노트

지은이 김범수
발행인 조상현
편집인 김주연
마케팅 이영재
디자인 Design IF
펴낸곳 더디퍼런스

초판 1쇄 인쇄 2017년 2월 20일
초판 1쇄 발행 2017년 3월 02일

등록번호 제2015-000237호
주소 서울시 마포구 마포대로 127, 304호
문의 02-725-9988
팩스 02-6974-1237
이메일 thedibooks@naver.com
홈페이지 www.thedifference.co.kr

ISBN 979-11-6125-000-7

독자 여러분의 소중한 원고를 기다리고 있으니 많은 투고 바랍니다.

파본이나 잘못 만들어진 책은 구입하신 서점에서 바꾸어 드립니다.
책값은 뒤표지에 있습니다.

진짜 공신들이 쓰는

523

생 각 노 트

이 책의 **활용법**

《진짜 공신들이 쓰는 523 생각 노트》는

입시 교육에 포커스가 맞춰진 현실에서 창의적인 사고력을 점점 강조하고 있는 입시 전형에 대한 대비책으로 만들어졌어요. 52주마다 3개씩 3년 동안 꾸준히 쓰면 논리적이고 창의적인 사고력 뿐 아니라 매년 그 비중이 늘고 있는 학생부 종합전형, 대학별 면접고사, 논술 등 대학 입시도 자연스레 준비할 수 있어요.
모든 준비를 시작하기에 가장 좋은 때는 바로 지금이에요. 365일 언제든지 나의 생각을 글로 쓰는 지금부터 523은 시작됩니다.

Weekly1~52

내가 시작한 순간부터 Weekly1이 됩니다. 한 주에는 3개의 질문이 주어져요. 질문과 관련된 명언들을 읽으며 마음을 다잡고 본격적으로 시작해요.

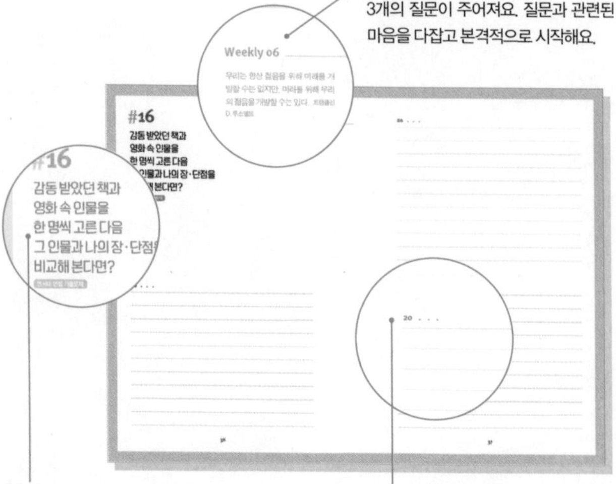

Weekly 06

#16
감동 받았던 책과 영화 속 인물을 한 명씩 고른 다음 그 인물과 나의 장·단점을 비교해 본다면?

52주X3개=156개의 토픽

이 책에 수록된 156개의 토픽은 논리적인 사고력을 키울 수 있는 토픽 52개, 창의 사고력을 기를 수 있는 토픽 52개, 자기소개서+논술+대학별 면접 전형에서 비중 있게 출제되었거나 출제될 수 있는 주제들을 선정한 토픽 52개로 나눠져 있습니다.

3년의 기록

오늘 날짜를 직접 적어요. 하나의 주제에 대해 일회성에 그치지 않고 매년 다시 생각해 보고 기록하여 남김으로써 확실한 나의 생각을 정리해요. 날짜를 적고 지난해와 생각이 달라지지 않았는지, 고치고 싶은 부분이 있다면 수정하며 학생부 종합전형, 면접, 논술 등 벼락치기로 준비하기 힘든 시험을 미리 대비해요.

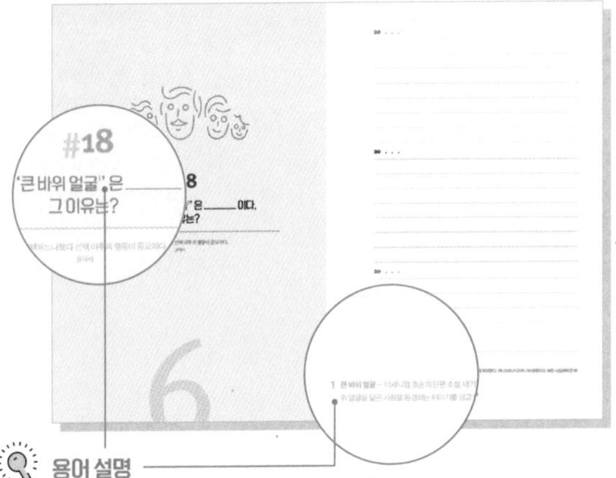

용어 설명

시사 용어와 신조어에 대한 설명을 해줌으로써 질문을 읽기만 해도 관련 상식을 쌓을 수 있어요. 좀 더 알고 싶은 내용이 있다면 관련 기사나 책을 찾아보면서 더욱 풍성한 글을 써 봐요.

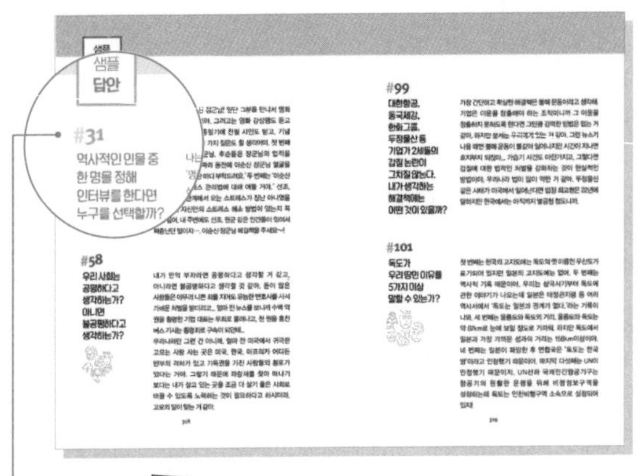

샘플답안 

글쓰기에 어려움을 느끼는 학생들을 위해 저자가 실제 멘토링 하며 쌓은 경험을 살려 샘플답안을 제시하고 있어요. 답안이 제시되어 있지 않은 질문에 대해서 궁금한 내용이 있다면 언제든지 진짜공신연구소(www.realstudy.pro) 카페나 skylovedu@naver.com으로 문의를 주면 저자의 일대일 멘토링을 받을 수 있습니다.

#01

나는 무엇을 위해 살고 있는가?

Weekly 01

당신이 뛰어나다고 생각한다면, 당신은 그러하다. 상승하기 위해서는 높게 생각해야 한다. 승리를 쟁취하기 위해서는 자신에 대한 확신이 있어야 한다. 삶의 전투에서 승리는 언제나 더 강하거나 재빠른 인간에게 돌아가는 게 아니다. 승자는 할 수 있다고 생각하는 사람이다. _나폴레온 힐

20 . . .

20 . . .

20 . . .

#02

나는 아침형 인간인가?
아니면 저녁형 인간인가?

지금 잠을 자면 꿈을 꾸지만 지금 공부하면 꿈을 이룬다.

_하버드대학 도서관 명언

20 . . .

20 . . .

20 . . .

#03 내 성격의 장점은 무엇이고 단점은 무엇일까?

운명은 그 사람의 성격에 의해 만들어진다.
그리고 성격은 그 사람의 일상생활의 습관에서 만들어진다.
때문에 오늘 하루 좋은 행동의 씨를 뿌려서 좋은 습관을 거두어들이도록 해야 한다.
좋은 습관으로 성격을 다스린다면 그때부터 운명은 새로운 문을 열 것이다.

_토머스 데커

1

20 . . .

20 . . .

20 . . .

#04

우리 사회는
술에 취해 저지른 범죄나
일탈 행위에 관대하다.
계속 그래야만 한다고
생각하는가?

Weekly 02

호의가 계속되면 권리인 줄 안다.
_영화 '부당거래' 대사 중

20 . . .

20 . . .

20 . . .

#05

학업을 위해
어떤 노력을 하고 있는가?

우리 뇌는 목표 지향적이다.
뇌의 사령부 격인 전두연합영역에서 어떤 목표를 설정하면
신체의 나머지 부분은 거의 맹목적으로 이 목표를 추구하기 위한 노력을 한다.
도전이 크면 응전도 빨라진다. 몰입도가 올라간다.

_황농문(서울대 교수)

20 . . .

20 . . .

20 . . .

#06

나만의 스트레스 해결 방법이 있다면?
없다면 만들어 보자.

기분 전환을 위해, 매일매일의 스트레스를 해소할 수 있도록
우리에게는 큰 기쁨들이 아니라 작은 기쁨들이 주어져 있다.

_헤르만 헤세, 《행복》에서

2

20 . . .

20 . . .

20 . . .

#07

'대학가 똥군기[1]' 라는 말을 들어 본 적 있는가? 왜 이런 현상이 끊이질 않을까? 내가 입학한 대학에서 이런 일들이 벌어지면 나는 어떻게 할 것인가?

Weekly 03

나만이 내 인생을 바꿀 수 있다. 아무도 날 대신해 줄 수 없다. _공자

20 . . .

20 . . .

20 . . .

1 **똥군기** – 집단 내 부조리를 통틀어 이르는 말로 학내 규칙과 예절을 강요하는 것

#08

의미를 두고 노력했던 교내 활동이 있는가?
배우고 느낀 점을 써 보자.

네가 지금 하고 있는 일이 아주 사소하다 할지라도 소홀히 여기지 마라.
그 자체는 사소해 의미가 없는 것처럼 보이지만,
반드시 다가올 미래에 보다 큰일을 하기 위한 밑거름이 되는 것이다.
_법구, 《법구경》에서

20 . . .

20 . . .

20 . . .

#09

리더십을 발휘한 경험이나 주도적으로 주변의 변화를 이끌어 낸 사례가 있다면?

질문을 받으면 우리는 고민하면서 변화가 필요하고 또 가능하다는 결론에 이른다. 이런 결론은 마치 섬광처럼 순식간에 이뤄진다. 반면 바뀌어야 한다는 명령을 들으면 그 명령이 아무리 논리적일지라도 뇌가 거부 반응을 일으킨다.

_데이비드 락 & 제프리 슈워츠

20 . . .

20 . . .

20 . . .

#10

고등학생에게 봉사 활동은 필요하다고 생각하는가?

서울대 일반전형 면접 기출문제

Weekly 04

네 손에 선을 행할 능력이 있거든, 마땅히 받아야 할 자들에게 선을 베풀기를 주저하지 말아라. _잠언 3장 27절

20 . . .

20 . . .

20 . . .

#11

기억에 남는 봉사 활동이 있다면?

다른 사람에게 봉사하기 위해 성공하는 사람은
오로지 권력만을 추구하는 사람들이 결코 얻을 수 없는
진정한 성공을 얻게 될 것이다.
_스티븐 알터번

20 . . .

20 . . .

20 . . .

#12

우리 사회는 기부에 인색하다.
나는 어떤가?
내가 기부에 대해 가지고 있는 생각은?

기부로 가난뱅이가 된 사람은 없다.

_안네 프랑크

4

20 . . .

20 . . .

20 . . .

#13

삼포세대[1]가 요즘 젊은이들의 사회 문제로 대두되고 있다. 이에 대한 나의 생각과 이를 해결할 수 있는 방법은?

Weekly 05

아는 것이 힘이던 시대는 지났다. 생각이든 결심이든 실천이 없으면 아무 소용이 없다. 아무것도 달라지지 않는다. '하는 것'이 힘이다. 1퍼센트를 이해하더라도 그것을 실천하는 자가 행복한 사람이다._우종민 박사

20 . . .

20 . . .

20 . . .

1 **삼포세대** — 연애, 결혼, 출산 세 가지를 포기한 세대

#14

어려움이나 좌절을 극복한 경험이 있다면?

19살, 인천에서 막노동할 때 일이다.
합숙소에 빈대가 너무 많아 잠을 잘 수 없게 되자, 밥상 위에 올라가 잠을 청했다.
하지만 이내 빈대들은 밥상 다리로 올라와 물어뜯기 시작했고,
밥상 다리 네 개를 물 담은 양재기에 담가 놓자 빈대들은 벽을 타고 올라와
천장에서 사람을 향해 떨어져 피를 빨아먹었다.

_故 정주영 회장

20 . . .

20 . . .

20 . . .

#15
힘들어도 지금 버틸 수 있게 해 주는 힘은 무엇인가?

인생이란 다듬기 나름이다.
사람은 늙어서 죽는 것이 아니다.
한 걸음 한 걸음 길을 닦고 스스로 닦아 나가기를 멈출 때
죽음이 시작되는 것이라 생각한다.
_故 이병철 회장

5

20 . . .

20 . . .

20 . . .

#16

Weekly 06

감동 받았던 책과 영화 속 인물을 한 명씩 고른 다음 그 인물과 나의 장·단점을 비교해 본다면?

연세대 면접 기출문제

우리는 항상 젊음을 위해 미래를 개발할 수는 없지만, 미래를 위해 우리의 젊음을 개발할 수는 있다. _프랭클린 D. 루스벨트

20 . . .

20 . . .

20 . . .

#17

최근 읽은 책 중
기억에 남는 책이 있다면?

나는 매일 밤 독서를 한다.
신문이나 잡지 외에 적어도 한 가지 이상의 주간지를 처음부터 끝까지 읽는 습관이 있다.
만일 내가 과학과 비즈니스 등 관심 분야의 책만 읽는다면,
책을 읽고 나서도 내게 아무런 변화가 일어나지 않을 것이다.
그래서 모든 분야의 책과 잡지를 읽는다.

_빌 게이츠

20 . . .

20 . . .

20 . . .

#18

나를 위한 '큰 바위 얼굴[1]'은 ______ 이다. 그 이유는?

무엇을 선택하느냐보다 선택 이후의 행동이 중요하다.

_유재석

6

20 . . .

20 . . .

20 . . .

1 **큰 바위 얼굴** — 너새니얼 호손의 단편 소설. 내가 닮고 싶은 사람을 의미한다. 어니스트가 어머니의 영향으로 어린 시절부터 큰 바위 얼굴을 닮은 사람을 동경하는 이야기를 담고 있다.

#19

Weekly 07

세상에는 미꾸라지처럼 요리조리 잘 빠져나가는 사람들이 있다. 최순실 사건은 '법꾸라지' 라는 신조어까지 만들어 냈다. 그들처럼 사는 것이 잘사는 것일까?

승자는 어린이에게도 사과할 수 있지만, 패자는 노인에게도 고개를 숙이지 못한다._J. 하비스

20 . . .

20 . . .

20 . . .

#20

나와 평생을 함께할 좌우명이 있다면?

내가 실패라고 생각하지 않는 한 이것은 실패가 아니다.
나는 생명이 있는 한 실패는 없다고 생각한다.
내가 살아 있고 건강한 한 나한테 시련은 있을지언정 실패는 없다.
_故 정주영 회장

20 . . .

20 . . .

20 . . .

#21

내가 롤모델로 삼고 싶은 사람이 있다면?
또 그 이유는?

신사를 알아보는 방법은 많지만 절대로 실패하지 않는 방법이 한 가지 있다.
아랫사람들을 어떻게 대하는가? 아녀자들에게 어떤 행동을 보이는가?
고용주는 직원을, 스승은 제자를, 장교는 부하를,
즉 자기보다 약한 사람을 어떻게 대하는가? 하는 것이다.

_웰링턴

7

20 . . .

20 . . .

20 . . .

#22

Weekly 08

우리 사회는 메갈리안, 한남충, 된장녀 등 특정 대상을 혐오하는 단어와 범죄들이 늘어나고 있다. 이런 현상을 어떻게 생각하는가?

더러운 것에 대한 혐오가 지나치면 스스로를 정화하고 정당화하는 데에 장애가 될 수 있다. _니체

20 . . .

20 . . .

20 . . .

#23

나는 어떤 베프를 원하는가?
또 어떤 베프가 되고 싶은가?

친구를 찾겠다고 나서면 친구는 드물다.
그러나 친구가 되겠다고 나서면 어디에나 친구가 있다.
_지그 지글러

20 . . .

20 . . .

20 . . .

#24

나는 오타쿠에 대해 어떻게 생각하는가?

당신이 저지를 수 있는 가장 큰 실수는
실수를 할까 두려워하는 것이다.
_엘버트 하버드

8

20 . . .

20 . . .

20 . . .

#25

지금 나는 ______ 에 빠져 있다.

Weekly 09 ______

실력은 명사가 아니라 동사다. 계속 갈고 닦지 않으면 금방 녹이 슨다. 그래서 실력은 언제나 진행형이다. 지금 실력이 없다고 의기소침할 필요가 없다. 세상은 요리조리 머리를 굴리는 사람보다 작은 실천 속에서 장애물을 넘기 위해 애쓰는 사람에게 길을 내 준다. _유영만 교수

20 . . .

20 . . .

20 . . .

#26

나에게 가장 편안함을 주는 장소는 어디인가?

휴식은 대나무의 마디와 같은 것이다.
마디가 있어야 대나무가 성장하듯 사람도 기업도 쉬어야
강하고 곧게 성장할 수 있다.
_혼다 소이치로(혼다그룹 창업자)

20 . . .

20 . . .

20 . . .

#27

DIY 질문
(스스로에게 던지고 싶은 질문은?)

연은 순풍이 아니라 역풍에 가장 높이 난다.

_윈스턴 처칠

20 . . .

20 . . .

20 . . .

#28

나는 1년 후
어떤 모습일까?

Weekly 10

나는 명사보다 동사에 맞춰져 있어요. 고백하기, 회개하기, 반응하기, 성장하기, 도약하기, 변화하기, 씨뿌리기, 달리기, 춤추기, 노래하기 등의 동사죠. 그런데 인간에게 은총이 가득하고 생명력 넘치는 동사를 죽은 명사나 썩은 냄새가 나는 원칙으로 바꾸는 재주가 있어요. _윌리엄 폴 영, 《오두막》에서

20 . . .

20 . . .

20 . . .

10

#29

내가 이루고 싶은 꿈은 무엇인가?
그리고 그 꿈을 이루기 위해
어떤 노력을 하고 있는가?

떨어지는 물방울이 돌에 구멍을 낸다. 승리의 여신은 노력을 사랑한다.
노력 없는 인생은 수치 그 자체다. 어제의 불가능이 오늘의 가능성이 되며,
전세기의 공상이 오늘의 현실로써 우리들의 눈앞에 출현하고 있다.
실로 무서운 것은 인간의 노력이다.
_M. 마르코니

20 . . .

20 . . .

20 . . .

#30

30년이 흐른 뒤에 나의 모습을 20자 이내로 표현해 보자. 고려대 면접 기출문제

한 문장이라도 매일 조금씩 읽기로 결심하라.
하루 15분씩 시간을 내면 연말에는 변화가 느껴질 것이다.
_호러스 맨

10

20 . . .

20 . . .

20 . . .

#31

역사적인 인물 중 한 명을 정해 인터뷰를 한다면 누구를 선택할까?

샘플답안 318페이지

Weekly 11

머리가 나쁘다고 말하지 마라. 나는 첫 시험에서 낙방하고 서른 둘 늦은 나이에 겨우 과거에 급제했다. 기회가 주어지지 않는다고 불평하지 마라. 나는 적군의 침입으로 나라가 위태로워진 후 마흔 일곱에 제독이 되었다. _이순신 제독

20 . . .

20 . . .

20 . . .

#32

내가 가장 별로라고 생각하는 역사적 위인은 ______ 이다. 왜냐하면…

너 자신을 알라!

_소크라테스

20 . . .

20 . . .

20 . . .

#33

역사적 사건 한 장면을 연극으로 만들어야 한다고 하자. 내가 선택한 역사적 사건과 그 이유는 무엇인가?

기억은 과거이다. 기억과 과거는 유한하다.
비전은 미래이다. 비전과 미래는 무한하다.
비전은 역사보다 크고, 선입견보다 크고, 과거 감정의 상처보다 크다.
비전은 경험과 과거를 뛰어넘을 수 있게 해 준다.

_스티븐 코비, 《성공하는 사람들의 8번째 습관》에서

11

20 . . .

20 . . .

20 . . .

#34
나만의 공부법이 있다면?

Weekly 12

좋은 습관이 몸에 익을 때까지는 21일간 의식적으로 노력을 기울여야 한다. 21일은 생각이 대뇌 피질에서 뇌간까지 내려가는 데 걸리는 최소한의 시간으로, 생각이 뇌간까지 내려가면 그때부터는 심장이 시키지 않아도 뛰는 것처럼, 의식하지 않아도 습관적으로 행하게 된다. _정철희, 《21일 공부모드》에서

20 . . .

20 . . .

20 . . .

12

#35

나만의 재능은 무엇일까?
그것으로 인해 자랑스러웠던 경험이 있다면?

위대한 인물들은 한결같은 공통점이 있다.
그들은 쉬지 않고 공부하고 연구했다. 1분도 허투루 보내지 않았다.
우리처럼 평범한 사람을 낙담하게 만드는 근면함이 있다.
_V. S 프리쳇

20 . . .

20 . . .

20 . . .

#36

가장 기억에 남는 토론과 나의 주장은 무엇인가? 한양대 면접 기출문제

내 자신에 대한 자신감을 잃으면, 온 세상이 나의 적이 된다.

_랄프 왈도 에머슨

12

20 . . .

20 . . .

20 . . .

#37

수학이 왜 필요하다고 생각하는가?

서울대 일반전형 면접 기출문제

Weekly 13

수학을 공부하는 것은 정신 체조를 하는 것이다. _페스탈로치

20 . . .

20 . . .

20 . . .

#38

내가 가장 좋아하는 과목은 무엇인가?

미국 시카고 대학은 그들이 배출한 70명이 넘는 노벨상 수상자들에게
"어떻게 하면 당신처럼 창조적 성과를 낼 수 있습니까?"를 물었다.
그들은 이구동성으로 한 가지 답을 했다.
"좋아하는 일을 하십시오."(Do what you love.)
_이미도

20 . . .

20 . . .

20 . . .

#39

현재 가장 신경 써서
공부하는 과목은 무엇인가?

머리가 좋으면 성공하는 데 오히려 방해가 된다.
바보처럼 철저히 몰입할 수 없기 때문이다.
_혼다 소이치로(혼다그룹 창업자)

20 . . .

20 . . .

20 . . .

#40

나는 미래에 ______ 대 ______ 학과 ______ 학번이 되어 있을 것이다.

Weekly 14 ______

뇌는 리얼(real)한 상상과 현실을 구분하지 못한다. 생생하게 상상하면 뇌는 그것을 사실로 받아들이고, 오랫동안 리얼하게 상상하면 어느새 현실이 된다. 인간만이 가진, '눈에 보이지 않는 목표를 설정할 수 있는 능력'을 최대한 활용하면서 살아가자. _임해성(글로벌비즈니스 컨설팅 대표)

20 . . .

20 . . .

20 . . .

#41

대학에서 어떤 전공을 선택하고 싶은가? 그리고 어떤 노력을 하고 있는가?

실험실과 현장에서 실시한 400여 차례의 연구 결과에 따르면,
부담스럽더라도 구체적인 목표가 단순히 "최선을 다하라"는 식에
막연하고 추상적인 목표보다 실행률이 더 높았다.

_에드윈 로크 & 게리 레이섬

20 . . .

20 . . .

20 . . .

#42

대학에 입학 후 이루고 싶은 목표가 있다면?

유토피아는 지평선 위에 있다.
내가 두 발자국 다가갔을 때, 유토피아는 두 발자국 물러난다.
만약 내가 열 발자국 다가서면, 유토피아는 재빨리 열 발자국을 내달려 달아난다.
내가 아무리 다가간다고 해도, 나는 절대 유토피아에 다다를 수 없다.
그렇다면 유토피아는 왜 존재하는가?
바로 우리를 전진하게 하기 때문이다.
_에두아르도 갈레아노

14

20 . . .

20 . . .

20 . . .

#43

하나님은 우리에게 왜 넬슨 만델라를 보내 주셨을까? 그를 통해 무엇을 말하고자 한 것일까?

Weekly 15

피부색이나 배경, 종교 등의 이유로 다른 사람을 증오하도록 태어난 사람은 아무도 없습니다. _넬슨 만델라

20 . . .

20 . . .

20 . . .

15

#44

나에게 영향을 미친 유·무형의 콘텐츠가 있다면 무엇일까?

가장 중요한 요소는 좋은 일이 생길 것이라는 믿음이다.
믿으면 진짜 그렇게 된다.
그러니 미래에 대한 희망을 가져 보자.
_스테반 M 폴란, 《2막》에서

20 . . .

20 . . .

20 . . .

#45

DIY 질문
(스스로에게 던지고 싶은 질문은?)

사람은 책을 만들고, 책은 사람을 만든다.

_故 신용호 사장(교보문고 창립자)

15

20 . . .

20 . . .

20 . . .

#46

내가 활동하는 동아리를 소개해 본다면?

서울대 기회균형 면접 기출문제

Weekly 16

성공은 자연 연소의 결과가 아니다. 먼저 자기 자신에게 불을 지펴야 한다._레기 리치

20 . . .

20 . . .

20 . . .

16

#47 내가 학교에 다니는 이유는 무엇인가?

인간은 배우기를 원한다.

_아리스토텔레스

20 . . .

20 . . .

20 . . .

#48

내가 다니는 학교는 어떤 점에서 좋은가?

사람은 성장하는 동안은 늙지 않는다.
우리 사회는 너무 일찍 성장을 포기하는 젊은 늙은이들이 많다.
40대도 공부하지 않고 일을 포기하면 노쇠하게 된다.
60대가 되어서도 진지하게 공부하며 일하는 사람은 성장을 멈추지 않는다.
_김형석 교수

16

20 . . .

20 . . .

20 . . .

#49

'시민들은 저항할 수 있는 기본 권리를 갖는다' 라는 시민 불복종은 비폭력적인 방법을 통해 법에 대한 존중을 잃지 않아야 한다는 전제가 있다. 이런 점에서 광화문 촛불집회를 어떻게 생각하는가?

Weekly 17

평화는 우리가 반드시 말해야 하는 명언입니다. _프란치스코 교황

20 . . .

20 . . .

20 . . .

#50
요즘 들어 가장 많이 사용하는 단어나 표현이 있다면?

자네가 평소 사용하는 말이 자네의 미래를 만든다네.
자네가 다른 사람에 대한 험담이나 부정적인 말과 소문들을 내뱉으면
자네의 장래도 그렇게 부정적인 것들로 가득 차게 되네.
자네가 기쁨, 희망, 비전, 풍요로움을 말하면
자네의 인생 역시 기쁨과 희망으로 충만하게 되지.
_혼다 켄, 《돈과 인생의 비밀》에서

20 . . .

20 . . .

20 . . .

#51

나에 대해 새롭게 알게 된 사실은 무엇인가?

매일 아침 눈뜨며 생각하자.
오늘 아침 일어날 수 있으니 이 얼마나 행운인가.
나는 살아 있고, 소중한 인생을 가졌으니 결코 낭비하지 않을 것이다.
나는 스스로를 발전시키고, 내 힘이 닿는 데까지 타인을 이롭게 할 것이다.
_달라이 라마

17

20 . . .

20 . . .

20 . . .

#52
아이돌 조공 문화에 대한 나의 생각은 무엇인가?

Weekly 18

낭비한 시간에 대한 후회는 더 큰 시간 낭비이다. _메이슨 쿨리

20 . . .

20 . . .

20 . . .

#53

생일날 가장 받고 싶은 선물은 무엇인가?

좋은 사람을 만나는 것은 신이 내리는 선물이다.
그 사람과의 관계를 지속시키지 않는 것은 신의 선물을 내팽개치는 것이다.
_데이비드 패커드(휴렛 팩커드 공동 창업자)

20 . . .

20 . . .

20 . . .

#54

내가 가장 좋아하는 물건은 무엇인가?

옛날이 지금보다 나은 이유는 뭔가가 하나 더 있기 때문이다.
'추억' 이라는 것…

_페터 빅셀

18

20 . . .

20 . . .

20 . . .

#55

세종대왕 당시 전 세계의 과학적 발명 50여개 중 한국이 22개를 발명했다는 한 연구 결과가 있다. 내가 타임머신을 타고 조선시대로 돌아간다면 무엇을 발명하고 싶은가?

Weekly 19

변명 중에서도 가장 어리석고 못난 변명은 '시간이 없어서'라는 변명이다. _토머스 에디슨

20 . . .

20 . . .

20 . . .

#56
타임머신을 타고 과거의 나를 만난다면 무슨 이야기를 해 주고 싶은가?

성공한 사람은 '오늘'이라는 손과 '지금'이라는 발을 갖고 있지만
실패한 사람은 '내일'이라는 손과 '다음'이라는 발을 갖고 있다.
지금 당장 실행에 옮겨라.
_황용필, 《마이 라이프 마이 스포츠》에서

20 . . .

20 . . .

20 . . .

#57
상처 받았던
말이 있다면?

힘들지 않으면 근육은 생기지 않는다.
힘들어야 근육에 상처가 생기고 상처가 아물면서 근육은 성장한다.
부러진 뼈는 회복하는 과정에서 처음보다 더 강하게 된다.
가장 힘들 때 가장 기뻐하라.
_한근태(한스컨설팅 대표)

20 . . .

20 . . .

20 . . .

#58

우리 사회는 공평하다고 생각하는가? 아니면 불공평하다고 생각하는가?

샘플답안 318페이지

Weekly 20

모든 인간은 날마다 동일한 시간을 할당받는다. 부자라고 시간을 더 많이 사들여 다른 날 쓸 수 있는 것이 아니다. 성공은 우선순위를 정하고 계획함으로써 시간을 현명하게 사용하는 데에 달려 있다. 사실 시간은 돈보다 더 많은 가치가 있고, 시간을 죽이는 것은 성공 기회를 죽이는 것이다.
_데니스 웨이틀리

20 . . .

20 . . .

20 . . .

20

#59
누군가 나에게 '왜 공부하는가?'라고 묻는다면?

군자도 매일 성찰해야 앎이 밝아지고 행동에 허물이 없게 된다.
학문이란 죽은 뒤에야 끝나는 것이다.
학문의 방법에는 끝이 없지만, 그 뜻은 잠시라도 내려놓을 수 없다.
학문을 하면 사람이고, 학문을 하지 않으면 짐승이다.
_순자

20 . . .

20 . . .

20 . . .

#60

학업 외에 열심히 노력한 분야는 무엇인가? 서울대 일반전형 면접 기출문제

어디를 가든지 마음을 다해 가라.

_공자

20 . . .

20 . . .

20 . . .

#61

문화 산업은 대중을 무비판적이며 수동적으로 만들고, 이를 통해 현실 사회의 모순이 은폐되고 있다는 주장에 대해 어떻게 생각하는가?

Weekly 21

실수가 없었던 사람은 아무것도 새로운 것을 시도하지 않았던 사람이다. _아인슈타인

20 . . .

20 . . .

20 . . .

#62

지난해와 비교하면 나는 어떤 면에서 얼마나 긍정적으로 바뀌었나?

나는 성공보다 성장이라는 말을 더 좋아한다.
성공은 뒤에 실패가 기다리고 있지만 성장은 끝이 없다.
_박상영 선수(리우 올림픽 펜싱 금메달리스트)

20 . . .

20 . . .

20 . . .

#63

고치고 싶은 습관이 있다면?
또 왜 못 고치고 있는지?

나의 유일한 경쟁자는 어제의 나다.
어제 살았던 삶보다 더 가슴 벅차고 열정적인 하루를 살려고 노력한다.
연습실에 들어서며 어제 한 연습보다 더 강도 높은 연습을 한 번, 1분이라도 더 하기로 마음먹는다.
어제를 넘어선 오늘을 사는 것, 이것이 내 삶의 모토다.
_강수진

20 . . .

20 . . .

20 . . .

#64

세상에는 기버[1], 테이커[2], 매처[3] 세 종류의 인간이 있다. 나는 기버인가? 테이커인가? 매처인가?

Weekly 22

세상의 모든 행복은 남을 위한 마음에서 오고, 세상의 모든 불행은 이기심에서 온다. 하지만 이런 말이 무슨 소용이 있는가? 어리석은 사람은 여전히 자기 이익에만 매달리고, 지혜로운 사람은 남의 이익에 헌신한다. 그대 스스로 그 차이를 보라. _산티데바라

20 . . .

20 . . .

20 . . .

1 **기버** – 받기보다 베풀기를 좋아하는 사람들
2 **테이커** – 준 것보다 더 많이 얻기를 바라는 사람들
3 **매처** – 계산이 정확한 사람들(give & take)

22

#65
내가 가장 싫어하는 인간형은 누구인가?

우리가 하는 행동 하나, 말 한 마디가 모두 우리의 모습을 만든다.
남에게 베푼 친절, 극복한 편견, 이겨 낸 어려움, 뿌리친 유혹 하나하나가
우리가 되고픈 사람에 한걸음 더 다가가도록 한다.
_딘 스탠리

20 . . .

20 . . .

20 . . .

#66

내가 존경하는 사람은 누구인가?

성공을 위해서는 반드시 실패가 필요한 법이다.
위인들은 역경에도 불구하고 위인이 된 것이 아니라
사실 역경 덕분에 위대한 업적을 이룰 수 있었던 것이다.
이들에게는 역풍이 오히려 반가운 존재다.

_김주환, 《회복탄력성》에서

20 . . .

20 . . .

20 . . .

#67

영국은 브렉시트[1] 국민 투표를 통해 EU를 탈퇴했다. 내가 만약 영국 국민이라면 찬성표를 던졌을까? 아니면 반대표를 던졌을까?

Weekly 23

교육의 목표는 '독립적으로 행동하고 생각하지만 공동체를 위해서 일하는 것을 인생에서 가장 고귀한 업적으로 여기는 개인을 길러 내는 것'이다. 전문 지식만 갖춘 사람은 조화롭게 발달한 인간이라기보다는 잘 훈련된 개와 비슷한 상태가 된다. _아인슈타인

20 . . .

20 . . .

20 . . .

1 **브렉시트** — 영국의 유럽연합(EU) 탈퇴. 영국(Britain)과 탈퇴(Exit)의 합성어로 그리스의 유로존(유로화 사용 19개국) 탈퇴를 일컫는 그렉시트(Grexit)에서 따온 말이다.

#68

배낭여행을 간다면 어떤 나라를 가고 싶은가?

세계는 한 권의 책이다.
여행하지 않는 자는 그 책의 단지 한 페이지만 읽을 뿐이다.
_성 아우구스티누스

20 . . .

20 . . .

20 . . .

#69

한국 교포가 운영하던 터키의 한 레코드점이 라마단 기간(이슬람교의 금식 기도의 달)에 락음악을 틀어 준다는 이유로 습격을 받았다. 터키 대통령은 "라마단 기간에 록밴드 행사를 하는 것과 폭력 행위는 모두 나쁘다."라는 양비론적 입장을 보여 논란이 되었다. 내가 이 사건을 맡은 판사라면 어떤 판결을 내릴 것인가?

법 위에 아무도 없고, 법 아래도 아무도 없다.

_프랭클린 루스벨트

23

20 . . .

20 . . .

20 . . .

#70

나는 ______ 장르의 음악을 ______ 때문에 좋아한다.

서울대 일반전형 면접 기출문제

Weekly 24

음악은 일상의 먼지를 영혼으로부터 씻어 낸다. _레드 아워백

20 . . .

20 . . .

20 . . .

#71
나를 가장 행복하게 하는 음식이 있다면?

단지 행복해지려고만 한다면 쉽게 행복해질 수 있다.
그러나 우리는 다른 사람들보다 더 행복하게 되기를 바란다.
남들보다 행복하게 되는 것은 항상 어려운 일이다.
왜냐면 우리는 다른 사람들이 실제보다 더 행복하다고 믿기 때문이다.
_몽테스키외

20 . . .

20 . . .

20 . . .

#72

내가 가장 좋아하는
운동은 ______ 이다.

운동을 하면 뇌가 긍정적으로 변화한다.
긍정적인 감정이 강화되고 좋은 인상을 주게 되며
따라서 원만한 인간관계와 리더십도 길러진다.
행복과 성공에 이르는 가장 빠르고도 확실한 길이 바로 규칙적인 운동이다.

_김주환, 《회복 탄력성》에서

24

20 . . .

20 . . .

20 . . .

#73

우리 사회는 세월호, 삼풍백화점 등 안전 불감증으로 인한 각종 사고가 끊이지 않는다. 이를 해결할 수 있는 방법은 없을까?

Weekly 25

방심과 안심은 종이 한 장 차이 _생활 명언

20 . . .

20 . . .

20 . . .

#74
내가 국적을 선택할 수 있다면 그래도 한국인이고 싶은가?

인생은 B to D라는 말이 가슴에 다가온다.
B는 Birth(태어남)이고, D는 Death(죽음)이다.
그럼 B와 D 사이에는 무엇이 있는가? C가 있다. C는 바로 Choice(선택)이다.
즉 인생은 주어지는 것이 아니고 선택하는 대로 되는 것이다.

_최염순, 《미인대칭 비비불》에서

20 . . .

20 . . .

20 . . .

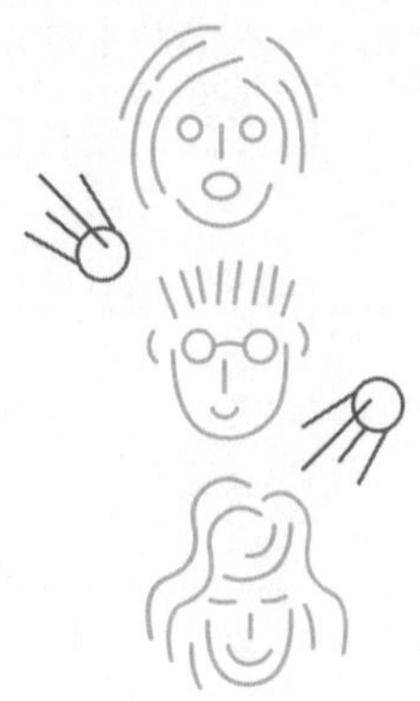

#75

우리 사회는 가짜가 많다.
우리 사회에서 반드시 사라져야 할
가짜는 무엇일까?

진실은 일반적으로 중상모략에 대한 가장 훌륭한 변호이다.

_에이브러햄 링컨

20 . . .

20 . . .

20 . . .

#76

스몸비(스마트폰과 좀비의 합성어) 문제를 해결하기 위한 방법에는 어떤 것이 있을까?

Weekly 26 ____

SNS는 인생의 낭비다. _알렉스 퍼거슨
(전 맨체스터 축구 감독)

20 . . .

20 . . .

20 . . .

#77

소중한 눈을 보호하기 위해 어떤 노력을 기울이고 있는가?

사람들은 맹인으로 태어난 것보다 더 불행한 것이 뭐냐고 나에게 물어 온다.
그럴 때마다 나는 '시력은 있되 비전이 없는 것' 이라고 답한다.
_ 헬렌 켈러

20 . . .

20 . . .

20 . . .

#78

나는 부지런한가 아니면 게으른가?

실패는 당신이 아무것도 성취하지 못했다는 걸 의미하지 않는다.
당신이 무엇인가 새로 배웠음을 의미할 뿐이다.

_로버트 슐러

26

20 . . .

20 . . .

20 . . .

#79

한국은 OECD 회원국 중 자살률 1위이다. 자살률을 줄이기 위한 방법으로는 어떤 것이 있을까?

Weekly 27

자살을 위한 타당한 이유를 갖다 붙이는 사람은 시원찮은 사람이다. _에피쿠로스

20 . . .

20 . . .

20 . . .

#80

지금 힘이 되는 사람은 누구인가?

무심코 던진 말 한 마디가 마음에 깊은 상처를 남기기도 합니다.
반대로 친절한 말은 짧고 쉽게 할 수 있는 것이지만 그 메아리는 끝없이 울려 퍼집니다.
_마더 테레사

20 . . .

20 . . .

20 . . .

#81

나는 어떤 트라우마를 가지고 있는가?

어려운 것은 즉시 해낼 수 있는 것이다.
그리고 불가능은 시간이 좀 걸릴 뿐이다.
_조지 산타야나

27

20 . . .

20 . . .

20 . . .

#82

대학이란 무엇이라 생각하는가?

서울대 일반전형 면접 기출문제

Weekly 28

내가 헛되이 보낸 오늘은 어제 죽은 이가 갈망하던 내일이다. _하버드대학 명언

20 . . .

20 . . .

20 . . .

#83

내가 한 대학의 입학사정관이라고 하자.
지금의 나를 합격시킬 것인가
아니면 불합격시킬 것인가?
그 이유는 무엇인가?

최상품의 포도는 모래에서 자라는 것이다.
모래에서 자라는 포도나무들은 자신들에게 필요한 자양분을 섭취하기 위하여
더욱 더 깊이 모래 속을 파고들어 가야만 하는 시련을 겪는다.
때문에 와인은 더욱 더 영양과 맛이 깊어진다.
_로리 베스 존스

20 . . .

20 . . .

20 . . .

#84

10분 동안의 면접고사를 통해 합격과 불합격이 결정된다. 이 같은 방식이 과연 옳다고 생각하는가? 서울대 지균전형 면접 기출문제

모든 전사 중 가장 강한 전사는 이 두 가지, 시간과 인내다.

_래프 톨스토이

28

20 . . .

20 . . .

20 . . .

#85

'과유불급'이라는 사자성어가 있다. 이와 관련해 내가 실생활에서 겪은 경험이 있다면 무엇일까?

고려대 면접 기출문제

Weekly 29

인생은 흘러가는 것이 아니라 채워지는 것이다. 우리는 하루하루를 보내는 것이 아니라 내가 가진 무엇으로 채워 가는 것이다. _존 러스킨

20 . . .

20 . . .

20 . . .

#86

내가 뽑은 올해의 사자성어는? 그리고 그 이유는 무엇인가?

사자성어는 선조들의 지혜가 담긴 문자 메시지다.

_김범수(저자)

20 . . .

20 . . .

20 . . .

#87

후손들에게 명언을 남겨야 한다.
어떤 명언을 남기고 싶은가?
또 그 이유는 무엇인가?

오늘 가장 좋게 웃는 자는 역시 최후에도 웃을 것이다.

_니체

20 . . .

20 . . .

20 . . .

#88

내가 교사가 된다면 잠자는 교실을 어떻게 깨울 것인가?

서울대 일반전형 면접 기출문제

Weekly 30

네 눈에 잠도, 네 빛나는 눈에 졸음도
허용하지 말아라. _잠언 6장 4절

20 . . .

20 . . .

20 . . .

30

#89

하루에 얼마나 자는가?

10년 뒤에 내가 무엇이 되어 있을까를 항상 생각하라.
인생은 자기가 생각한 대로 된다. 목표를 세우면 목표가 나를 이끈다.
새우잠을 자더라도 고래 꿈을 꾸어라.
달팽이도 마음만 먹으면 바다를 건널 수 있다.
_정호승 시인

20 . . .

20 . . .

20 . . .

#90

DIY 질문 (스스로에게 던지고 싶은 질문은?)

내가 목표에 달성한 비밀을 말해 줄게.
나의 강점은 바로 끈기야.
_루이 파스퇴르

20 . . .

20 . . .

20 . . .

#91

우리 사회는 재벌에 대한 불신이 뿌리 깊다. 왜 그럴까?

Weekly 31

흔히 사람들은 자본이 없어서 사업을 시작하지 못한다고 말하는데 자본보다는 신용이 훨씬 중요하다. 사업 계획이, 그리고 내 과거가 주위로부터 신뢰받을 수만 있다면 그 규모의 대소는 크게 문제되지 않는다. 신뢰가 전부다. _故 정주영 회장

20 . . .

20 . . .

20 . . .

#92

대출 광고 속 '무이자 30일'에 숨겨진 의도를 알고 있는가?

대부 업체의 '30일 무이자 대출'을 이용하면 자신의 신용 등급이 떨어진다.
신용 등급 1등급이 은행에서 1,000만 원을 빌리면 연이자로 38만 원을 내면 되지만
대부 업체 대출을 받은 후 같은 돈을 빌리면 대출 이자는 무려 81만 원이나 늘어난 119만 원이 된다.
_한국경제신문 기사

20 . . .

20 . . .

20 . . .

#93
'유전무죄, 무전유죄' 라는 말에 대해 어떻게 생각하는가?

한 장소에서 불만을 내뱉는 사람이 다른 장소에 가서는
긍정적인 말을 꺼낸다는 것은 거의 말도 안 되는 일이다.
_이솝

20 . . .

20 . . .

20 . . .

#94

열정페이[1], 희망고문이라는 단어를 들으면 무엇이 떠오르는가?

Weekly 32

뜻을 세운다는 것은 목표를 선택하고, 그 목표에 도달할 행동 과정을 결정하고, 그 목표에 도달할 때까지 결정한 행동을 계속하는 것이다. 중요한 것은 행동이다. _마이클 핸슨

20 . . .

20 . . .

20 . . .

1 **열정페이** – 하고 싶은 일을 하게 해 줬다는 구실로 청년 구직자에게 보수를 제대로 지급하지 않는 것

#95
10만 원 지폐가 발행된다면 어울리는 인물은 누구라고 생각하는가?

역사는 꿈이 있는 사람을 주인공 삼았다.
역사는 목표를 향해 달리는 사람들에 의해 만들어졌다.
_강주영(SR개발 회장)

20 . . .

20 . . .

20 . . .

#96

최저 시급을 1만 원으로 인상하자고 한다. 어떻게 생각하는가?

인생을 돈벌이에만 집중하는 것은 야망의 빈곤을 보여 주는 것이다.
네 스스로에게 너무 적은 것을 요구하는 것이다.
야망을 가지고 더 큰 뜻을 이루고자 할 때에야
비로소 진정한 자신의 잠재력을 실현할 수 있기 때문이다.
_버락 오바마

20 . . .

20 . . .

20 . . .

#97

의로움이 중요한가 아니면 이익이 중요한가?

서울대 일반전형 면접 기출문제

Weekly 33

명예는 많은 재산보다 소중하고 존경받는 것은 금은보다 값지다. _《탈무드》에서

20 . . .

20 . . .

20 . . .

#98

'헬조선'이라는 신조어가 유행한다. 진짜 한국이 '희망은 없고 지옥 같은 사회'라고 생각하는가?

운 좋은 사람들은 운이 별로 없다고 생각하는 사람에 비해 불확실성을 즐긴다.
도전하고자 하는 목표를 분명히 하고, 수많은 가능성과 기회에 마음을 여는 것,
그리고 한쪽 문이 닫히면 다른 열린 문을 찾아 나설 수 있는 긍정 마인드가 곧 운을 만든다.
_리처드 와이즈만

20 . . .

20 . . .

20 . . .

#99

대한항공, 동국제강, 한화그룹, 두정물산 등 기업가 2세들의 갑질 논란이 그치질 않는다. 내가 생각하는 해결책에는 어떤 것이 있을까? 샘플답안 319페이지

젊은이들은 집에 들어가면 부모에게 효도하고, 밖에 나가선 어른을 공경하며,
말을 삼가되 미덥게 하고, 널리 사람을 사랑하며, 어진 사람을 가까이 해야 한다.
이런 일을 실천하고 남는 힘이 있으면 비로소 문헌을 배워야 한다.

_공자, 논어 〈학이편〉

20 . . .

20 . . .

20 . . .

#100

국정 역사교과서에 대한 논란이 뜨겁다. 국정 역사교과서에 대해 나는 찬성인가? 반대인가?

Weekly 34

민주주의에 있어 최후의 보루는 깨어 있는 시민의 힘이다. _故 노무현 대통령

20 . . .

20 . . .

20 . . .

34

#101

독도가 우리 땅인 이유를 5가지 이상 말할 수 있는가?

샘플답안 319페이지

독도의 주소를 아는가?
독도는 도로명 주소 기준으로 경상북도 울릉군 울릉읍 독도 이사부길과
경상북도 울릉군 울릉읍 독도 안용복길로 나뉘어 있다.

20 . . .

20 . . .

20 . . .

#102

**박정희 대통령에 대한 평가는 극단적이다.
누군가는 독재자로 또 다른 누군가는
경제 성장을 이룬 탁월한 지도자로 평가한다.
나의 생각은 어떠한가?**

사실을 미화하거나 호도한다고 하여 그 실상이 묻히는 것은 아니며,
역사를 긍정적으로 해석한다고 해서 바른 민족사가 성립되는 것은 더욱 아니다.
_이이화

34

20 . . .

20 . . .

20 . . .

#103

우리나라에서 증가하고 있는 외국인 집단 거주 지역에 대한 나의 생각은 무엇인가?

서울대 일반전형 면접 기출문제

Weekly 35

인간은 배려를 통해 타인과 처음으로 깊숙이 만난다. _제임스 터버

20 . . .

20 . . .

20 . . .

#104

통일에 대한 나의 생각은 어떤가?
북한과 통일이 되어야 한다고 생각하는가?

오늘 우리 독일인은 세상에서 가장 행복한 민족입니다.

_발터 몸퍼(당시 베를린 시장)

20 . . .

20 . . .

20 . . .

#105

'검은 머리 외국인' 이라는 단어를 들어 보았는가?
그들은 누구라고 생각하는가?
우리에게 필요한 사람들일까?

그대는 매일 5분씩이라도 나라를 생각해 본 일이 있는가?
_안창호

20 . . .

20 . . .

20 . . .

#106

내가 생각하는 리더의 자질은 무엇일까?

한양대 면접 기출문제

Weekly 36

이 모든 과제는 취임 후 100일 안에 이뤄지지는 않을 것입니다. 1,000일 안에도 이뤄지지 않을 것이며, 현 정부의 임기 중에 끝나지도 않을 것이며, 어쩌면 우리가 지구상에 살아 있는 동안 이루지 못할 수도 있습니다. 하지만 시작합시다. _존 F. 케네디

20 . . .

20 . . .

20 . . .

#107

우리나라 대통령 중 가장 존경하는 대통령은 누구인가? 또한 그 이유는 무엇인가?

평균적인 사람은 자신의 일에 자신이 가진 에너지와 능력의 25%를 투여하지만,
세상은 능력의 50%를 쏟아붓는 사람들에게 경의를 표하고,
100%를 투여하는 극히 드문 사람들에게 머리를 조아린다.
_앤드류 카네기

20 . . .

20 . . .

20 . . .

#108

내가 대통령 선거에 나간다고 하자.
어떤 공약을 내세우고 싶은가?

젊은이들에게 들려주고 싶은 것은 단지 세 마디 말이면 족하다.
일하라. 좀 더 일하라. 끝까지 열심히 일하라.
_비스마르크

36

20 . . .

20 . . .

20 . . .

#109

살면서 창의성을 발휘한 경험이 있다면?

한양대 면접 기출문제

Weekly 37

자신의 능력을 감추지 마라. 재능은 쓰라고 주어진 것이다. 그늘 속의 해시계가 무슨 소용이랴. _벤자민 프랭클린

20 . . .

20 . . .

20 . . .

#110

내가 스마트폰 개발자라면
어떤 기능을 넣고 싶은가? 그 이유는 무엇인가?

애플 스티브 잡스와 마이크로소프트 빌 게이츠는 결코 새로운 뭔가를 발명한 것이 없다.
그들은 아이디어를 훔쳤다. 밖으로 나가 끊임없이 뭔가를 찾고(search)
최선의 것이 발견되면 가져와서 조합(combine)했을 뿐이다.
그것이 그들이 한 창조다.
_윌리엄 더건

20 . . .

20 . . .

20 . . .

#111

내가 국회의원이라면 어떤 법을 만들고 싶은가?

10배 더 큰 목표는 10배 더 어려울 것이라 생각하지만 때로는 목표를 더 크게 잡는 것이 더 쉬울 때가 있다.
왜 그럴까? 10% 개선을 목표로 하면 현 상태를 지키려고 든다.
그렇지만 10배를 개선하겠다고 생각하면 기존의 방법을 다 폐기하고
관점 자체를 바꿔 용기와 창의성으로 무장하기 때문이다.
_애스트로 텔러(구글 X 책임자)

20 . . .

20 . . .

20 . . .

#112

최근에 관심 있게 본 사회 현상은 무엇일까?

연세대 면접 기출문제

Weekly 38

보통 사람은 시간을 소비하는 것에 마음을 쓰고, 재능 있는 사람은 시간을 활용하는 것에 신경을 쓴다. _쇼펜하우어

20 . . .

20 . . .

20 . . .

38

#113

국민을 개, 돼지로 발언한 고위 공무원을 실제로 만난다면 어떤 이야기를 해 주고 싶은가?

한 나라의 진정한 부의 원천은 그 나라 국민들의 창의적 상상력에 있다.

_아담 스미스, 《국부론》에서

20 . . .

20 . . .

20 . . .

#114

DIY 질문
(스스로에게 던지고 싶은 질문은?)

자신을 믿어라. 자신의 능력을 신뢰하라.
겸손하지만 합리적인 자신감 없이는 성공할 수도 행복할 수도 없다.
_노먼 빈센트 필

20 . . .

20 . . .

20 . . .

#115

학교나 사회에서 불합리하거나 억울한 일을 당한 적이 있다면 그 과정에서 느낀 점은 무엇인가?

연세대 면접 기출문제

Weekly 39

강물은 결코 바다로 가는 것을 포기하지 않는다. 평지에서도 굽이쳐 흐를 때가 있을 지라도 강물은 바다로 가는 것을 포기하지 않는다. _故 노무현 대통령

20 . . .

20 . . .

20 . . .

#116

우리의 '알 권리'와 '잊혀질 권리[1]' 중에 무엇이 더 중요하다고 생각하는가?

틀릴 수 있는 권리를 절대 포기하지 말라.
그러지 않으면 새로운 것을 배우고 앞으로 나아갈 수 있는 능력을 잃게 될 것이다.
_데이비드 번스

20 . . .

20 . . .

20 . . .

1 **잊혀질 권리** — 기록이 저장되어 있는 영구적인 저장소로부터 특정한 기록을 삭제할 수 있는 권리 또는 자신의 정보가 더 이상 적법한 목적을 위해 필요치 않을 때, 그것을 지우고 더 이상 처리되지 않도록 할 개인의 권리다. 디지털 환경의 도래와 함께 활발한 논의가 되고 있다.

#117

한일 위안부 합의에 대한 입장이 엇갈리고 있다. 나의 생각은 어떠한가? 샘플답안 320페이지

역사를 잊은 민족에게 미래는 없다.

_윈스턴 처칠

20 . . .

20 . . .

20 . . .

#118

5인 이내 소규모 단체에 속했던 경험이 있는가? 활동하면서 자신이 맡았던 역할과 어려웠던 점, 그리고 해결 방법은 무엇이었나?

연세대 면접 기출문제

Weekly 40

쉬운 일을 어려운 일처럼, 어려운 일을 쉬운 일처럼 대하라. 전자는 자신감이 잠들지 않게, 후자는 자신감을 잃지 않기 위함이다. _발타사르 그라시안

20 . . .

20 . . .

20 . . .

#119

모둠 활동을 할 때 참여하지 않는 학생이 있다면 나는 어떻게 할 것인가? 서울시립대 면접 기출문제

인간을 현재의 모습으로 판단한다면 그는 더 나빠질 것이다.
하지만 그를 미래의 가능한 모습으로 바라보라.
그러면 그는 정말로 그런 사람이 될 것이다.
_요한 볼프강 폰 괴테

20 . . .

20 . . .

20 . . .

#120

단체의 의견과 나의 의견이 다를 경우 어떻게 할 것인가? 연세대 면접 기출문제

화내는 사람이 언제나 손해를 본다.
화내는 사람은 자기를 죽이고 남을 죽이며 아무도 가깝게 오지 않아서 늘 외롭고 쓸쓸하다.
_姑 김수환 추기경

20 . . .

20 . . .

20 . . .

#121

읽기와 쓰기 교육이 대학에서 필요한 이유는 무엇이라 생각하는가?

연세대 면접 기출문제

Weekly 41

배우기만 하고 생각하지 않으면 얻는 것이 없고, 생각만 하고 배우지 않으면 위태롭다. _공자

20 . . .

20 . . .

20 . . .

#122

내가 가고 싶은 대학의 인재상은 무엇일까? 그 인재상과 비교하면 나는 어떤 점이 부족한가? 그리고 그 부족함을 채울 수 있는 방법에는 어떤 것이 있을까?

학생이 되기를 멈춘 자는 한 번도 학생인 적이 없었던 자이다.

_조르지오 일리스

20 . . .

20 . . .

20 . . .

#123

학교 시험의 무감독제를 찬성하는가? 아니면 반대하는가? 그렇다면 그 이유는 무엇인가?

연세대 면접 기출문제

수입의 1%를 책을 사는 데 투자하라.
옷은 해어지면 입을 수 없어 버리지만 책은 시간이 지나도 위대한 진가를 품고 있다.

_姑 김수환 추기경

41

20 . . .

20 . . .

20 . . .

#124

낙태를 찬성하는가? 아니면 반대하는가? 그 이유는 무엇인가?

Weekly 42

진정한 선은 생명을 경외하는 것이요, 진정한 악은 생명을 짓밟고 훼손하는 것이다._슈바이처

20 . . .

20 . . .

20 . . .

42

#125

사형 제도는 존속해야 하는가 아니면 폐지되어야 하는가?

사형은 한순간에 강렬한 인상만을 줄 뿐이다.
반면에 종신 노역형은 더 큰 공포를 안겨 준다.
처벌이 지속적 효과를 가질 때 범죄를 더 잘 예방할 수 있다.
_베카리아

20 . . .

20 . . .

20 . . .

#126

안락사에 대한 논의가 뜨겁다.
나의 입장은 찬성인가 반대인가?
그 이유는 무엇인가?

샘플답안 320페이지

태양은 또 다시 떠오른다.
태양이 저녁이 되면 석양이 물든 지평선으로 지지만, 아침이 되면 다시 떠오른다.
태양은 결코 이 세상을 어둠이 지배하도록 놔두지 않는다.
태양은 밝음을 주고 생명을 주고 따스함을 준다.
태양이 있는 한 절망하지 않아도 된다. 희망이 곧 태양이다.
_어니스트 헤밍웨이

20 . . .

20 . . .

20 . . .

#127

세계화 시대에 한국이 가지는 장점과 단점은 무엇일까?

고려대 면접 기출문제

Weekly 43

국가의 가치는 결국 국가를 조직하는 국민의 가치이다._밀

20 . . .

20 . . .

20 . . .

#128

전쟁에 대한 나의 생각은 어떠한가?
필요악인가 아니면 절대악인가?

전쟁 준비를 해 놓아야 평화의 준비를 할 수 있다는 것은 안타깝게도 사실이다.
_존 F. 케네디

20 . . .

20 . . .

20 . . .

#129

현재 국제 사회에서 가장 문제가 되는 이슈와 해결 방안은 무엇이라 생각하는가? 고려대 면접 기출문제

평화로 가는 길은 없다. 평화가 길이다.

_마하트마 간디

20 . . .

20 . . .

20 . . .

#130

환경 보존과 경제 발전 중 무엇이 더 중요한가?

한국외대 면접 기출문제

Weekly 44

과학의 적절한 사용은 자연을 정복하는 것이 아니라 자연 속에서 사는 것이다. _배리 코모너

20 . . .

20 . . .

20 . . .

44

#131

소논문을 써야 한다면 어떤 주제를 선택할 것인가? 그리고 그 이유는 무엇인가?

교육 없는 천재는 광산 속의 은이나 마찬가지이다.
_벤자민 프랭클린

20 . . .

20 . . .

20 . . .

#132

정부는 담배 가격을 2,500원에서
4,500원으로 인상했다.
가격이 오르면 흡연률이
감소할 것이라 생각한 것이다.
하지만 실제 효과는 미미했다.
흡연률 감소를 위해
담배 가격을 더 올려야 한다는 주장이 나온다.
어떻게 생각하는가?

하루라도 책을 읽지 않으면 입안에 가시가 돋는다.
_안중근 의사

20 . . .

20 . . .

20 . . .

#133

Weekly 45

요행은 불행의 안내자. _故 이병철 회장

대기업의 사회적 기업 진출에 대한 나의 생각은 무엇인가?

경희대 면접 기출문제

20 . . .

20 . . .

20 . . .

#134

대기업이 우리 경제에 끼친 긍정적인 영향과 부정적인 영향은 무엇이라고 생각하는가?

한국외대 면접 기출문제

이익을 보거든 정의를 생각하고, 위태로움을 보거든 목숨을 받쳐라.

_안중근 의사

20 . . .

20 . . .

20 . . .

#135

레몬법은 자동차나 전자 제품을 구입하는 소비자들을 불량품으로부터 보호하기 위한 미국의 법률이다. 우리도 레몬법이 필요할까?

길게 보면 가끔 속임을 당하거나 실망할 위험이 따르더라도
신뢰를 듬뿍 보내는 것이 무능하거나 성실하지 못하다고 생각하는 것보다 지혜롭다.
_워렌 베니스

20 . . .

20 . . .

20 . . .

#136

중국 등 일부 국가는 자국의 이익에 반한다는 이유로 인터넷을 통제한다. 나는 이에 대해 ______ 라고 생각한다. 그 이유는 ______ 이기 때문이다.

한국외대 면접 기출문제

Weekly 46 ______

지혜는 듣는 데서 오고, 후회는 말하는 데서 온다. _영국 속담

20 . . .

20 . . .

20 . . .

46

#137

'22대 1' 무슨 의미일까?
일본과 한국의 노벨상 수상자 차이를 나타내는 수치다.
일본은 22명이 노벨상을 받았지만
한국은 한 명에 불과하다. 그 이유는 무엇일까?

목표를 달성하고 싶으면 그것을 기록하라.
목표 달성에 헌신하겠다는 마음으로 목표를 기록하라.
그러면 그 행동이 다른 곳에서의 움직임을 이끌어 낼 것이다.
목표를 이루려면 일단 목표를 기록하라.
_헨리엔트 앤 클라우저, 《종이위의 기적, 쓰면 이루어진다》에서

20 . . .

20 . . .

20 . . .

#138

유럽에서는 평등 징병론이 확산되고 있다. 노르웨이는 2015년부터 남자뿐 아니라 여자도 의무적으로 군복무를 해야 한다. 스위스와 오스트리아, 덴마크에서도 평등 징병론에 대한 논의가 뜨겁다. 한국에도 평등 징병제가 실시된다면 찬성하는가, 반대하는가? 또한 그 이유는 무엇인가?

인생은 본래 녹록지 않다. 하지만 멍청한 사람에게는 더욱 녹록지 않다.

_존 웨인

20 . . .

20 . . .

20 . . .

#139

현재 대한민국 국민에게 필요한 소양은 무엇이라 생각하는가?

경희대 면접 기출문제

Weekly 47

나쁜 습관은 고치는 것보다 예방하는 것이 더 쉽다. _벤자민 프랭클린

20 . . .

20 . . .

20 . . .

#140

친일파에 대한 나의 생각은 무엇인가?

역사는 과거와 현재의 끊임없는 대화이다.

_에드워드 핼릿 카

20 . . .

20 . . .

20 . . .

#141

포퓰리즘[1]과 아부의 공통점은? 그로 생기는 사회적 해악은 무엇이라 생각하는가? 경희대 면접 기출문제

사탕 발린 칭찬이 아닌 분별 있는 애정의 증표로 친구를 사귀어라.

_소크라테스

20 . . .

20 . . .

20 . . .

1 **포퓰리즘** — 대중의 견해와 바람을 대변하고자 하는 정치 사상 및 활동

#142

일제강점기에 지어진 일본식 건물들이 아직도 많이 남아 있다. 수치스러운 역사의 잔재이니까 모조리 없애야 할까?

서울대 지균전형 면접 기출문제

Weekly 48

과거를 잊어버리는 자는 그것을 또 다시 반복하는 것이다. _조지 산타야나

20 . . .

20 . . .

20 . . .

#143

모 정치인은 '일본은 네 번이나 공식적으로 사과를 했는데 일본의 사과를 자꾸 이야기하는 것은 부당하다.' 는 망언을 했다. 이 망언에 대해 어떻게 생각하는가?

미래에 대한 최선의 예언자는 과거이다.

_바이런

20 . . .

20 . . .

20 . . .

#144

1910년 8월 29일은 ______ 일이다.
내가 당시 신문 기자라면
어떤 내용의 기사를 썼을까?

역사가들이란 같은 시대 사람들이 잊고 싶어 하는 것을 전문적으로 기억하는 사람이다.

_에릭 홉스봄

48

20 . . .

20 . . .

20 . . .

#145

내가 생각하는 저출산의 이유와 해결 방법에는 어떤 것이 있을까?

서울시립대 면접 기출문제

Weekly 49

당신과 내가 할 가장 중요한 일은 우리의 집 울타리 안에 있을 것이다._해롤드 비 리

20 . . .

20 . . .

20 . . .

49

#146

'김영란법[1]'은 필요한가? 아니면 폐지되어야 하는가?

로마는 세 번씩 세계를 정복했는데 마지막에는 법으로 지배했다.

_R. 예링

20 . . .

20 . . .

20 . . .

1 **김영란법** — 언론인과 사립학교 교직원을 포함한 공직자가 직무 관련성과 상관없이 100만 원을 초과하는 금품을 받으면 형사처벌을 받는 법이다.

#147

우리 사회에 만연한 '외모 지상주의'는 나쁜 것인가? 좋은 것인가?

아름다운 입술을 가지고 싶으면 친절한 말을 하라.
사랑스러운 눈을 갖고 싶으면 사람들에게서 좋은 점을 봐라.
_오드리 햅번

20 . . .

20 . . .

20 . . .

#148

투표권을 만 19세에서 18세로 낮추자는 의견이 나오고 있다. 찬성인가? 반대인가?

Weekly 50

우리는 의무, 용기, 사랑의 의미를 이해하고 있습니다. 안다는 것은 행동하는 것입니다. 행동은 이해를 동반하며, 지식을 지혜로 변모시킵니다. 물을 바라보고 있는 것만으로는 바다를 건널 수 없습니다. _라빈드라나드 타고르

20 . . .

20 . . .

20 . . .

#149

헌혈을 할 수 있는 나이가 된다면 헌혈을 할 것인가? 안 할 것인가?

오늘 누군가가 그늘에 앉아 쉴 수 있는 이유는 오래 전에 누군가가 나무를 심었기 때문이다.

_워런 버핏

20 . . .

20 . . .

20 . . .

#150

교복 자율화에 찬성하는가? 반대하는가?

운명은 우연이 아닌, 선택이다.
기다리는 것이 아니라, 성취하는 것이다.
_윌리엄 제닝스 브라이언

20 . . .

20 . . .

20 . . .

#151

'죽느냐, 사느냐 그것이 문제로다.' 셰익스피어 비극 《햄릿》의 대사이다. 내가 극중 햄릿이라면 어떤 선택을 할 것인가? 또 그 이유는 무엇인가?

Weekly 51

죽음을 앞두고 '더 일했어야 했는데.'라고 말하는 사람은 없다. _해롤드 쿠시너

20 . . .

20 . . .

20 . . .

#152

내가 좋아하는 브랜드와 그 이유는 무엇인가?

선물로 친구를 사지 마라.
선물을 주지 않으면 그 친구의 사랑도 끝날 것이다.
_토마스 풀러

20 . . .

20 . . .

20 . . .

#153

내가 좋아하는 스포츠는 ________ 이고 그 이유는 ________ 이다.

운동만으로도 정신적, 육체적 혜택을 얻을 수 있다.
하지만 운동 시 정신을 집중하는 전략을 함께 채택한다면,
엄청난 정신적 혜택을 아주 빠르게 얻을 수 있다.
_제임 스 리피

20 . . .

20 . . .

20 . . .

#154

Weekly 52

엥겔지수[1]와 지니계수[2]를 알고 있는가? 내가 느끼는 우리 사회의 엥겔지수와 지니계수는 어떤 것 같은가?

모든 인간은 평등하다. _에이브러햄 링컨

20 . . .

20 . . .

20 . . .

1 **엥겔지수** — 일정 기간 가계 소비 지출 총액에서 식료품비가 차지하는 비율로써, 가계의 생활 수준을 가늠하는 척도이다.

2 **지니계수** — 빈부 격차와 계층 간 소득의 불균형 정도를 나타내는 대표적인 소비분배지표. 소득이 어느 정도 균등하게 분배되는지를 알려 준다.

52

#155

나는 한 달에 ________ 정도
저축을 하고 있다.

쓰기 전에 벌어라.

_윌리엄 A. 워드

20 . . .

20 . . .

20 . . .

#156

R=VD(꿈꾸면 이뤄진다.)라는 공식을 믿는가?

어제와 똑같이 살면서 다른 미래를 기대하는 것은 정신병 초기 증세이다.

_아인슈타인

20 . . .

20 . . .

20 . . .

샘플 **답안**

#31

역사적인 인물 중 한 명을 정해 인터뷰를 한다면 누구를 선택할까?

나는 닥치고 이순신 장군님! 일단 그분을 만나서 영화 '명량'을 함께 볼 거야. 그러고는 영화 감상평도 듣고 싶어. 다음에는 난중일기에 친필 사인도 받고, 기념 사진도 찍을 거야. 몇 가지 질문도 할 생각이야. 첫 번째 질문은 '이순신 장군님, 후손들은 장군님의 업적을 기르기 위해 100원짜리 동전에 이순신 장군님 얼굴을 새겼답니다. 소감 한 마디 부탁드려요.' 두 번째는 이순신 장군님의 스트레스 관리법에 대해 여쭐 거야. 선조, 원균 등 인간관계에서 오는 스트레스가 장난 아니였을 거 같아서 자신만의 스트레스 해소 방법이 있는지 꼭 묻고 싶어. 내 주변에도 선조, 원균 같은 인간들이 있어서 짜증난단 말이지…. 이순신 장군님 해결책을 주세요~!

#58

우리 사회는 공평하다고 생각하는가? 아니면 불공평하다고 생각하는가?

내가 만약 부자라면 공평하다고 생각할 거 같고, 아니라면 불공평하다고 생각할 것 같아. 돈이 많은 사람들은 아무리 나쁜 죄를 지어도 유능한 변호사를 사서 가벼운 처벌을 받더라고... 얼마 전 뉴스를 보니까 수백 억 원을 횡령한 기업 대표는 무죄로 풀려나고, 천 원을 훔친 버스 기사는 횡령죄로 구속이 되던데...
우리나라만 그런 건 아니래. 얼마 전 미국에서 귀국한 고모는 사람 사는 곳은 미국, 한국, 아프리카 어디든 빈부의 격차가 있고 기득권을 가진 사람들의 횡포가 있다는 거야. 그렇기 때문에 파랑새를 찾아 떠나기 보다는 내가 살고 있는 곳을 조금 더 살기 좋은 사회로 바꿀 수 있도록 노력하는 것이 필요하다고 하시더라. 고모의 말이 맞는 거 같아.

#99

대한항공, 동국제강, 한화그룹, 두정물산 등 기업가 2세들의 갑질 논란이 그치질 않는다. 내가 생각하는 해결책에는 어떤 것이 있을까?

가장 간단하고 확실한 해결책은 불매 운동이라고 생각해. 기업은 이윤을 창출해야 하는 조직이니까 그 이윤을 창출하지 못하도록 한다면 그만큼 강력한 방법은 없는 거 같아. 하지만 문제는 우리에게 있는 거 같아. 그런 뉴스가 나올 때면 불매 운동이 불같이 일어나지만 시간이 지나면 흐지부지 되잖아... 가습기 사건도 마찬가지고, 그렇다면 갑질에 대한 법적인 처벌을 강화하는 것이 현실적인 방법이야. 우리나라 법이 많이 약한 거 같아. 두정물산 같은 사태가 미국에서 일어난다면 법정 최고형은 22년에 달하지만 한국에서는 아직까지 벌금형 정도니까.

#101

독도가 우리 땅인 이유를 5가지 이상 말할 수 있는가?

첫 번째는 한국의 고지도에는 독도의 옛 이름인 우산도가 표기되어 있지만 일본의 고지도에는 없어. 두 번째는 역사적 기록 때문이야. 우리는 삼국사기부터 독도에 관한 이야기가 나오는데 일본은 태정관지령 등 여러 역사서에서 '독도는 일본과 관계가 없다.'라는 기록이 나와. 세 번째는 울릉도와 독도의 거리. 울릉도와 독도는 약 87km로 눈에 보일 정도로 가까워. 하지만 독도에서 일본과 가장 가까운 섬과의 거리는 158km이상이야. 네 번째는 일본이 패망한 후 연합국은 '독도는 한국 땅'이라고 인정했기 때문이야. 마지막 다섯 번째는 UN이 인정했기 때문이지. UN산하 국제민간항공기구는 항공기의 원활한 운행을 위해 비행정보구역을 설정하는데 독도는 인천비행구역 소속으로 설정되어 있지!

#117

한일 위안부 합의에 대한 입장이 엇갈리고 있다. 나의 생각은 어떠한가?

한일 위안부 합의를 두고 사회적 갈등이 깊어. 여러 원인이 있겠지만 나는 우리 정부가 문제라고 생각해. 뉴스를 찾아보니 법원이 '한일 위안부 합의문' 공개를 결정했지만 정부는 거절하고 있다고 해. 이를 두고 이면 합의(겉으로 드러나지 않은 숨겨진 합의)에 대한 의혹이 제기되고 있어. 일본 정부가 위안부 합의 조건으로 내건 10억 엔, 그 이면에 소녀상 철거가 포함된 것 아니냐는 것이지. 정부의 주장처럼 한일 위안부 합의가 성공적인 협상이었다면 합의문을 공개하지 않을 이유가 없잖아? 정말 우리가 모르는 뭔가가 있는 건 아닐까? 하지만 그간 비등한 합의 문서 공개 여론에도 침묵으로 일관한 정부가 법원 판결에도 불복, 또 다시 공개 거부 의사를 밝힘에 따라 '이면 합의' 논란은 당분간 지속될 것으로 보여.

#126

안락사에 대한 논의가 뜨겁다. 나의 입장은 찬성인가 반대인가? 그 이유는 무엇인가?

생활과 윤리 시간에 배웠던 내용이 생각나. '최대 다수의 최대 행복'을 모토로 하는 공리주의는 쾌락과 행복을 가져다주는 행위는 옳고, 고통과 불행은 옳지 않다고 여겨. 따라서 공리주의 입장에서 안락사는 환자의 고통과 가족의 경제적 부담을 줄일 수 있기 때문에 허용하지. 프랑스와 네덜란드는 안락사를 법적으로 허용하기도 했어. 하지만 나는 안락사에 반대하는 입장이야. 왜냐하면 안락사도 결국은 자살이라고 생각하기 때문이야.